Lola	Lola	

sprechen

merken

schreiben

prüfen

abhaken

Abschreibtechnik
Wort in Silben vorsprechen → Silben merken → Wort schreiben → Silben abgleichen/ggf. korrigieren → Wort abhaken

1

-e ✏	✏	✏	
• Palm**e**	Palme	Palme	☑
• Name	Name		☐
• Nase	Nase		☐
• Ente	Ente		☐
• Tante	Tante		☐
• Note	Note		☐
• Lampe	Lampe		☐

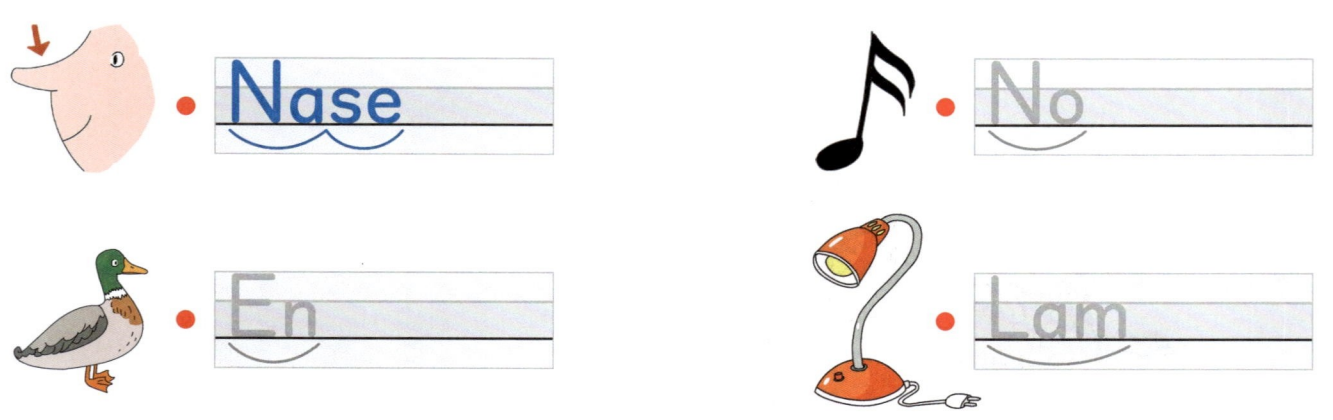

• Nase	• No
• En	• Lam

Endung -e
Wörter mit Schwa-Laut bzw. Schwa-Tilgung (e im Sprechfluss kaum wahrnehmbar) im Auslaut

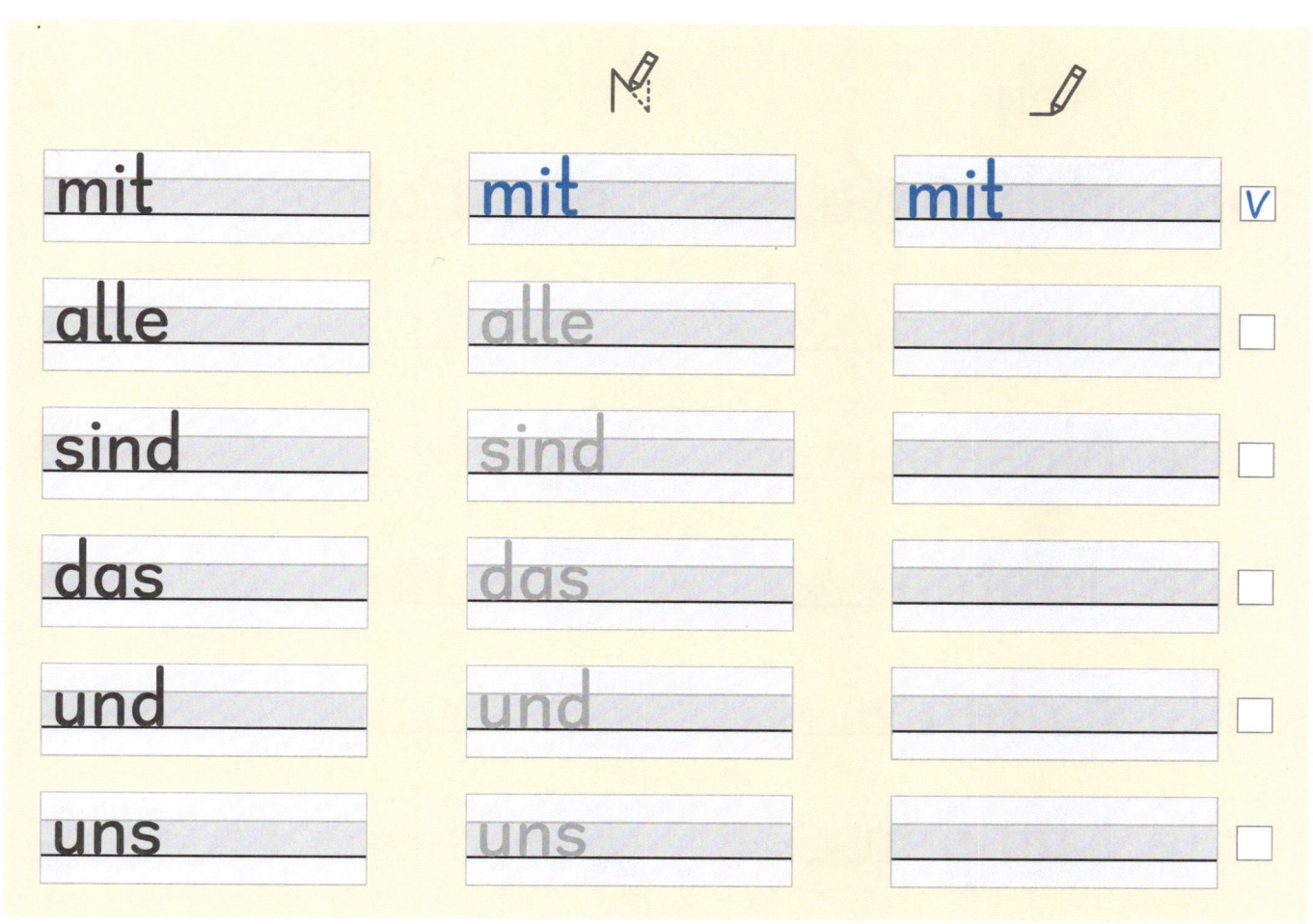

mit	mit	mit	☑
alle	alle		☐
sind	sind		☐
das	das		☐
und	und		☐
uns	uns		☐

uns   sind   mit

m	e	t	a	u	n	s	k	o	l
d	o	n	s	k	e	t	m	p	u
p	m	i	t	i	l	s	i	n	d

uns

Silbenschwingen

-en ✏

alle Palmen	alle Palmen
alle Namen	alle Namen
alle Nasen	alle Nasen
alle Tanten	alle Tanten
alle Enten	alle Enten
alle Lampen	alle Lampen
alle Noten	alle Noten

Enten im See ◯

Tanten am See ◯

Nasen im Tee ◯

Strategieseite: Silbenschwingen
Wörter mit Schwa-Laut bzw. Schwa-Tilgung (Endung -e/-en) / Strategie: Wörter beim Schreiben deutlich in Silben vorsprechen

Namen   Enten   Palmen   Lampen   Nasen

Ich spreche mir
die Wörter
in Silben vor.

-e   -en

● Ente   ⟶   alle Enten

● Name   ⟶   alle

● Lampe   ⟶   alle

● Palme   ⟶   alle

● Nase   ⟶   alle

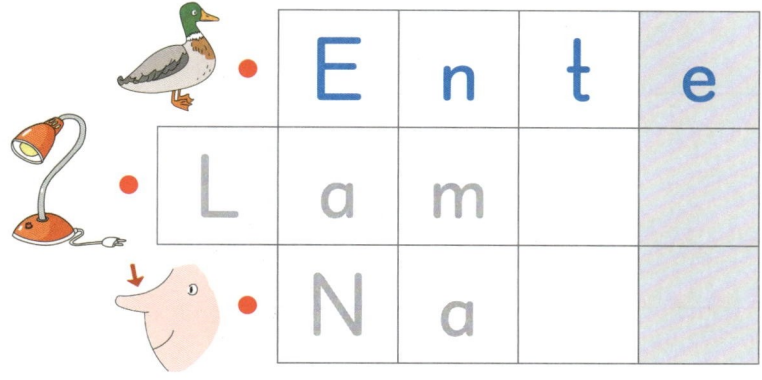

E	n	t	e	
L	a	m		
N	a			

Strategieseite: Silbenschwingen
Wörter mit Schwa-Laut bzw. Schwa-Tilgung (Endung -e/-en) / Strategie: Wörter beim Schreiben deutlich in Silben vorsprechen

5

-en

malen	malen ✓	malen ☑
lesen	lesen	☐
haben	haben	☐
kleben	kleben	☐
reden	reden	☐
reiten	reiten	☐
finden	finden	☐

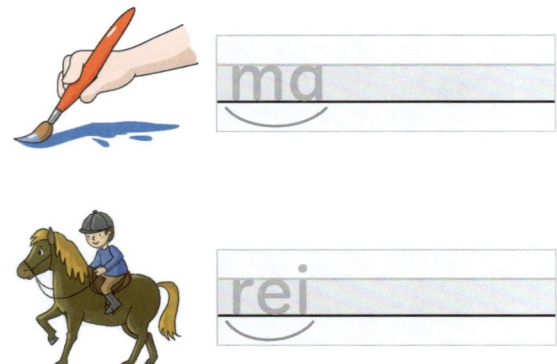

ma

rei

kle

le

Endung -en
Verben mit Schwa-Laut bzw. Schwa-Tilgung (e im Sprechfluss kaum wahrnehmbar)

neben	neben	neben	☑
meinen	meinen		☐
kein	kein		☐
bis	bis		☐
oft	oft		☐
da	da		☐

oft   bis   neben

b	u	t	a	s	n	e	b	e	n
r	f	b	i	s	r	t	w	r	o
o	f	t	n	w	a	h	b	d	i

-el

• Esel	Esel	Esel	☑
• Ampel	Ampel		☐
• Insel	Insel		☐
• Nudel	Nudel		☐
• Pinsel	Pinsel		☐
• Tafel	Tafel		☐
• Mantel	Mantel		☐

• Insel

• Am

• Pin

• Nu

Endung -el
Wörter mit Schwa-Laut bzw. Schwa-Tilgung (e im Sprechfluss kaum wahrnehmbar)

etwas	etwas	etwas	☑
beim	beim		☐
dann	dann		☐
wenn	wenn		☐
um	um		☐
nun	nun		☐

um   dann   etwas

o	e	t	w	a	s	e	l	k	u
r	d	w	s	d	a	n	n	o	r
m	b	a	f	s	t	s	u	m	k

-er ✏

Feder	Feder	Feder	☑
Bruder	Bruder		☐
Eimer	Eimer		☐
Leiter	Leiter		☐
Meter	Meter		☐
Winter	Winter		☐
Fenster	Fenster		☐

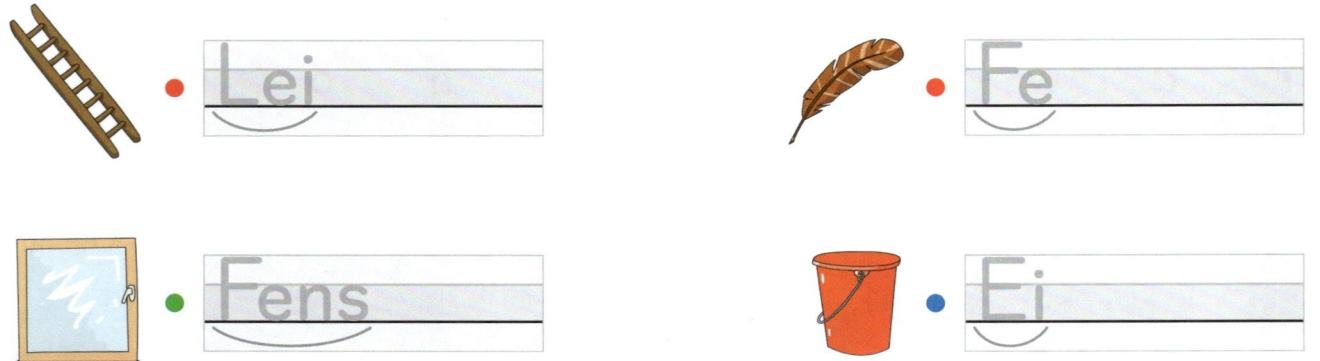

Lei _____

Fe _____

Fens _____

Ei _____

Endung -er
Wörter mit der Endung -er, die wie ein kurzer a-Laut ausgesprochen wird

unter	unter	unter ☑
oder	oder	☐
aber	aber	☐
allein	allein	☐
beide	beide	☐
weil	weil	☐

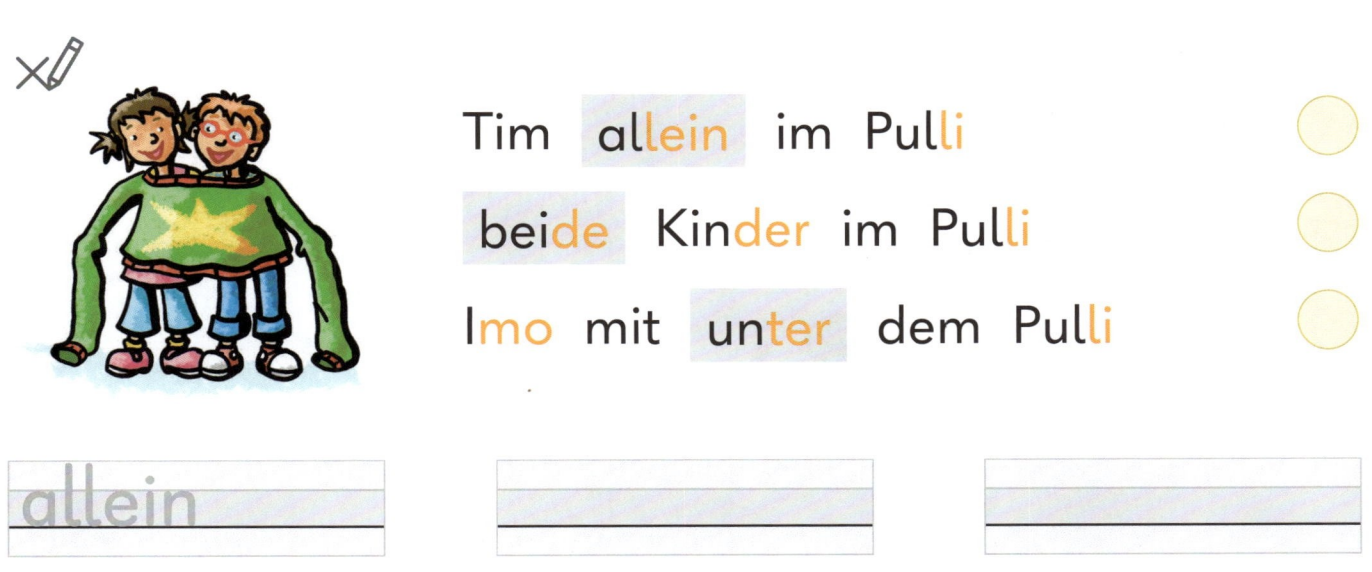

Tim **allein** im Pulli ⚪

beide Kinder im Pulli ⚪

Imo mit **unter** dem Pulli ⚪

allein

r

Tor	Tor	Tor	☑
Birne	Birne		☐
Erde	Erde		☐
Farbe	Farbe		☐
Wort	Wort		☐
turnen	turnen		☐
lernen	lernen		☐

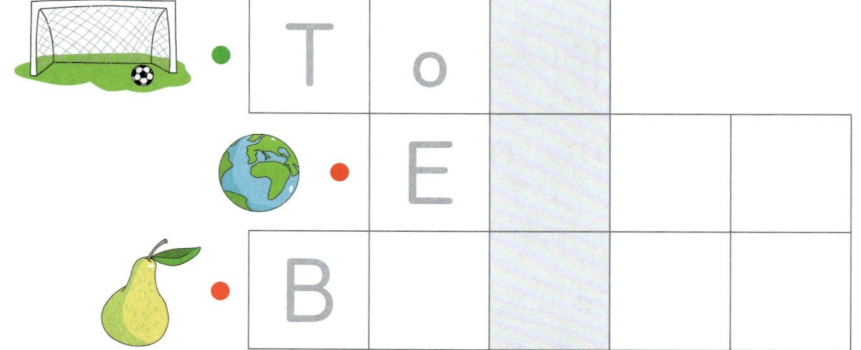

T	o		
E			
B			

Wörter mit vokalisiertem r
Modellwörter mit einem auf einen Vokal folgenden r, das wie ein a-Laut ausgesprochen wird

der	der	der	✓
wir	wir		☐
nur	nur		☐
wer	wer		☐
wo	wo		☐
dort	dort		☐

Hasen fressen nur Birnen. ◯

Hasen leben in der Luft. ◯

Hasen lassen dort Eier fallen. ◯

Merkwörter Ⓜ

oo aa ee

doof	doof		V
Boot	Boot		
Haar	Haar		
See	See		
Tee	Tee		
Meer	Meer		
Beere	Beere		

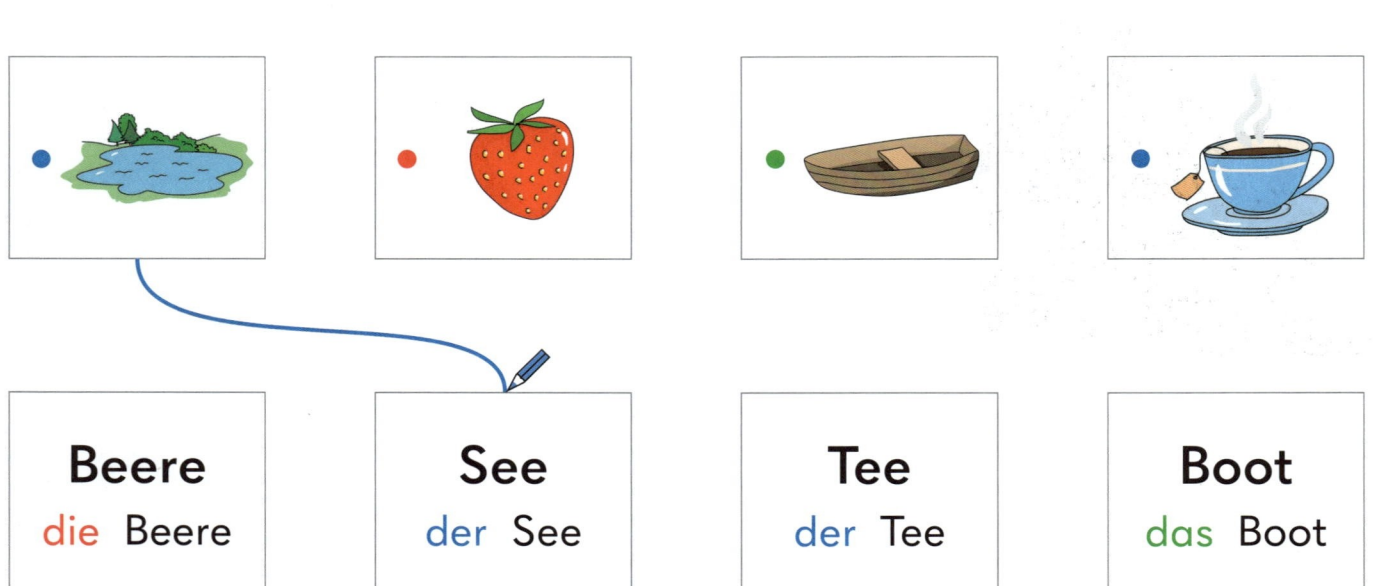

Beere die Beere	**See** der See	**Tee** der Tee	**Boot** das Boot

Strategieseite: Merkwörter
Merkwörter mit Doppelvokal / Strategie: Merkschreibungen einprägen und wiederholt üben

~~doof~~ • Tee • Haar • See • Boot • Meer • Beere

Ich merke mir diese Wörter.

oo

doof ☑

[   ] ☐

aa

[   ] ☐

ee

[   ] ☐

[   ] ☐

[   ] ☐

[   ] ☐

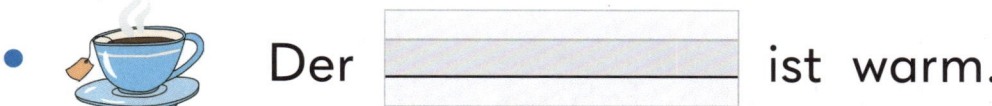 Der _____ ist warm.

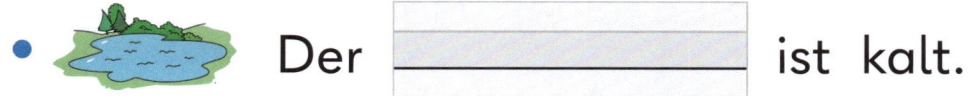 Der _____ ist kalt.

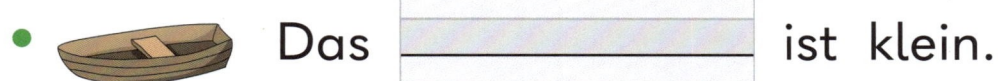 Das _____ ist klein.

ah ✏️   ✏️   ✏️

- **Hahn**   Hahn   Hahn   ☑
- **Bahn**   Bahn   ☐
- **fahren**   fahren   ☐

eh ✏️

- **Lehrer**   Lehrer   ☐
- **Fehler**   Fehler   ☐
- **nehmen**   nehmen   ☐

Die Kinder fahren mit der Bahn. ◯

Sie nehmen einen Hahn mit. ◯

Nur Lehrer fahren mit der Bahn. ◯

Oh oh

• Ohr	Ohr	Ohr ☑
• Sohn	Sohn	☐
wohnen	wohnen	☐

Uh uh

• Uhr	Uhr	☐
• Huhn	Huhn	☐
• Kuh	Kuh	☐

• Eier kommen von einem _____ .

• Eine _____ hat Hufe.

• Hasen haben Fell am _____ .

mehr	mehr	mehr	☑
ohne	ohne		☐
sehr	sehr		☐
ihren	ihren		☐
ihnen	ihnen		☐
warum	warum		☐

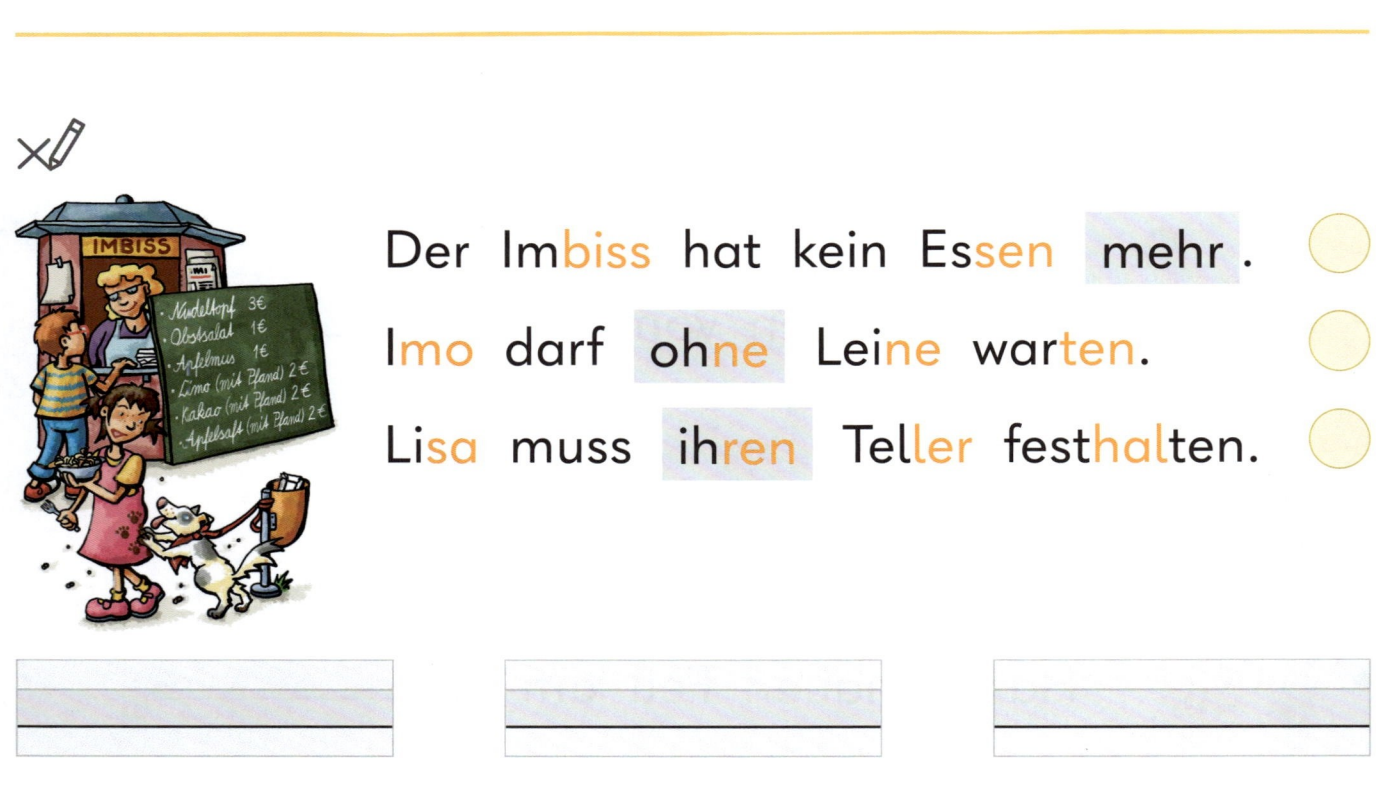

Der Imbiss hat kein Essen mehr. ○

Imo darf ohne Leine warten. ○

Lisa muss ihren Teller festhalten. ○

Funktionswörter
Häufige Wörter mit besonderer Relevanz für das Verstehen und Verfassen von Texten

Pf pf

● Pferd	Pferd	Pferd	☑
● Pfote	Pfote		☐
● Pfeil	Pfeil		☐
● Apfel	Apfel		☐
● Kopf	Kopf		☐
● Topf	Topf		☐
● Knopf	Knopf		☐

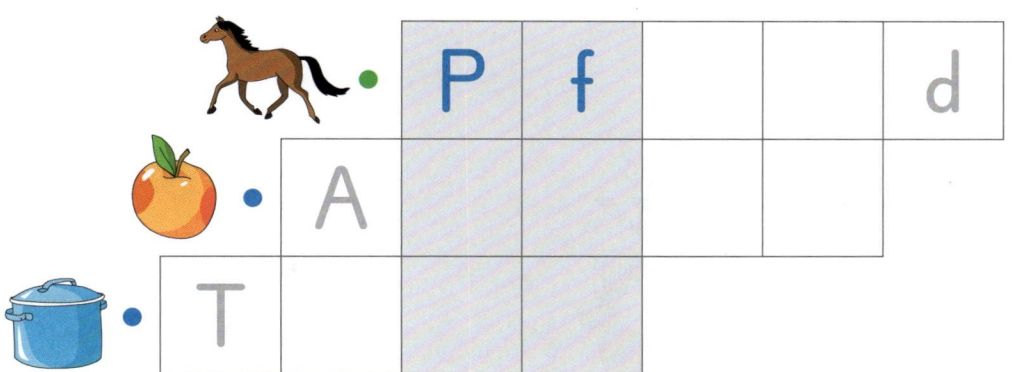

	P	f			d
	A				
T					

Wörter mit Pf/pf
Grundwortschatz-Wörter mit dem mehrgliedrigen Graphem <pf> (im Anlaut z. T. als F artikuliert)

die Zitrone   die Zitrone

die Gabel

der Hase

die Hose

die Seife

das Heft

das Nest

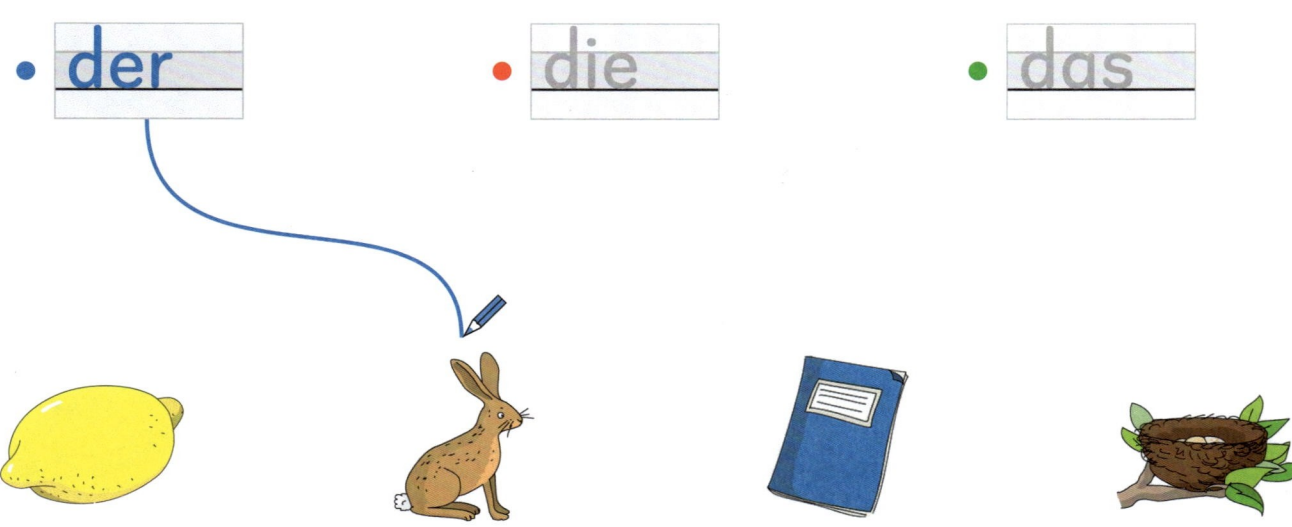

der   die   das

Artikel
Nomen mit ihren Begleitern (die farbigen Artikelpunkte verweisen auf den jeweiligen Begleiter der/die/das)

- die Ameise

die Ameise

- das Auto

- der Zahn

- die Wolke

- die Eule

- die Seite

- der Bus

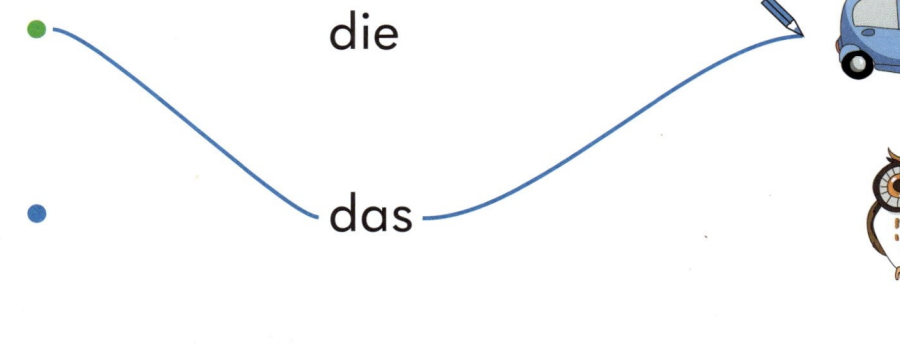

die

Auto

das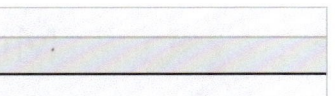

der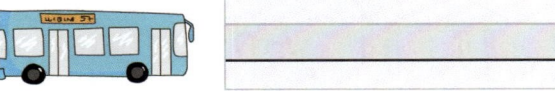

Sch sch

• **Schere**	Schere	Schere	v
• **Schule**	Schule		
• **Tasche**	Tasche		
• **Fisch**	Fisch		
• **Tisch**	Tisch		
schlafen	schlafen		
schreiben	schreiben		

• Eine _____ kannst du tra**gen**.

• Mit der _____ kannst du schnei**den**.

• An ei**nem** _____ kannst du es**sen**.

Wörter mit Sch/sch
Grundwortschatz-Wörter mit dem mehrgliedrigen Graphem <sch>

schon	schon	schon ☑
hier	hier	☐
wie	wie	☐
wieder	wieder	☐
sie	sie	☐
wenig	wenig	☐

Lola ist mal wieder im Urlaub. ◯

Es liegt sogar schon Schnee. ◯

Es gibt hier leider keine Palmen. ◯

d g b

alle Hunde	→	der Hund
alle Kinder	→	das Kind
alle Burgen	→	die Burg
alle Tage	→	der Tag
alle Wege	→	der Weg
alle Berge	→	der Berg
alle Diebe	→	der Dieb

Das sind Ritter auf einer Burg. ○

Das sind Kinder auf einem Weg. ○

Das sind Hunde auf einem Berg. ○

• Weg • Hund • Berg • Dieb • Kind • Burg • Tag

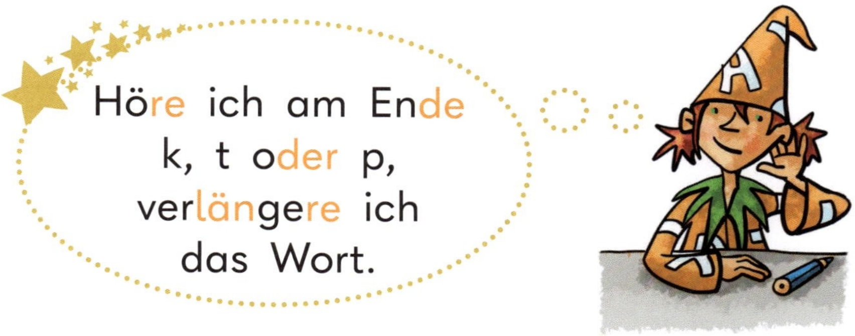

> Höre ich am Ende k, t oder p, verlängere ich das Wort.

...g

der Weg	☑
der	☐
die	☐
der	☐

...d

| der H | ☐ |
| das | ☐ |

...b

| der | ☐ |

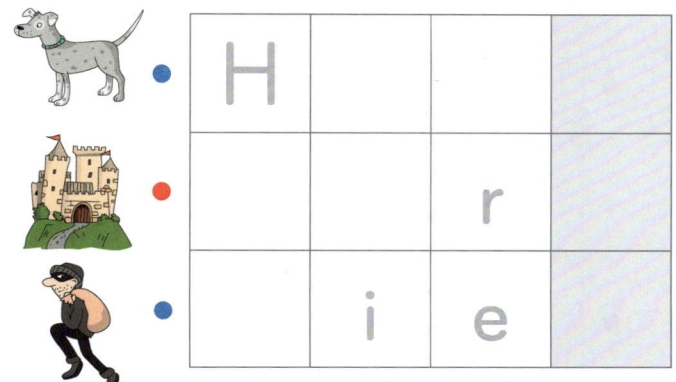

	H		
		r	
		i	e

Strategieseite: Verlängern
Wörter mit Auslautverhärtung im Endlaut (d, g, b gesprochen als t, k, p) / Strategie: Verlängern des Wortes mit „alle"

25

tt ll nn

• Butter,	Butter	Butter ☑
• Mutter	Mutter	☐
• Wetter	Wetter	☐
• Teller	Teller	☐
rollen	rollen	☐
• Sonne	Sonne	☐
rennen	rennen	☐

B	u			e	r
T	e				
S					

Wörter mit Doppelkonsonanten
Modellwörter mit Konsonantenverdopplung nach kurzem Vokal (tt, ll und nn)

pp ff mm

• Puppe	Puppe	Puppe	☑
• Suppe	Suppe		☐
• Koffer	Koffer		☐
• Affe	Affe		☐
• Sommer	Sommer		☐
• Zimmer	Zimmer		☐

Die Selbstlaute u und o klingen hier kurz.

• Pu

• Ko

• Su

• So

ch ✏️   ✏️   ✏️

- Milch   Milch   Milch ☑
- Licht   Licht   ☐
- rechnen   rechnen   ☐
- Buch   Buch   ☐
- Nacht   Nacht   ☐
- Drache   Drache   ☐
- Tochter   Tochter   ☐

ch wie in 🥛   ch wie in 📕

- Li   - Na

re   - Dra

Wörter mit ch
Grundwortschatz-Wörter mit dem mehrgliedrigen Graphem <ch>, das regelhaft als ich-Laut oder als ach-Laut gesprochen wird

auch	auch	auch	☑
euch	euch		☐
zum	zum		☐
zwischen	zwischen		☐
ganz	ganz		☐
ich	ich		☐

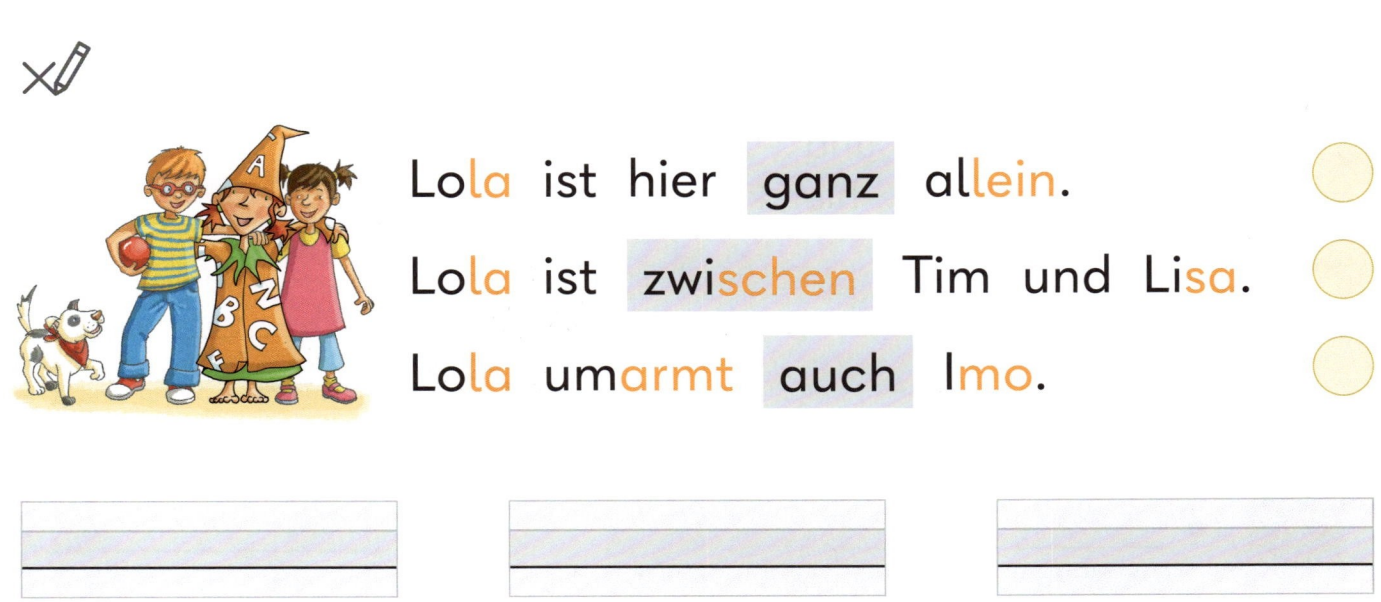

Lola ist hier ganz allein. ◯

Lola ist zwischen Tim und Lisa. ◯

Lola umarmt auch Imo. ◯

tz ✏️   📝   ✏️

• Blitz	Blitz	Blitz	✓
• Platz	Platz		☐
• Katze	Katze		☐
• Schatz	Schatz		☐
• Satz	Satz		☐
sitzen	sitzen		☐
putzen	putzen		☐

Die Selbstlaute
a und i klingen
hier kurz.

• Ka_____   si_____

• Scha_____   • Bli_____

Wörter mit tz
Modellwörter für die Konsonantenverdopplung von z nach kurzem Vokal (im Normalfall: tz statt zz)

Montag	Montag	☑
Dienstag		☐
Mittwoch		☐
Donnerstag		☐
Freitag		☐
Samstag		☐
Sonntag		☐

Freitag ist der erste Tag der Woche. ◯

Montag ist der erste Tag der Woche. ◯

Eine Woche hat nur Sonntage. ◯

Sp sp

• Spiel	Spiel	Spiel ✓
• Spiegel	Spiegel	☐
• Sport	Sport	☐
• Spinne	Spinne	☐
sparen	sparen	☐
sprechen	sprechen	☐
spielen	spielen	☐

Sch...

• Schaf

• Schal

Sp...

• Sp

• Sp

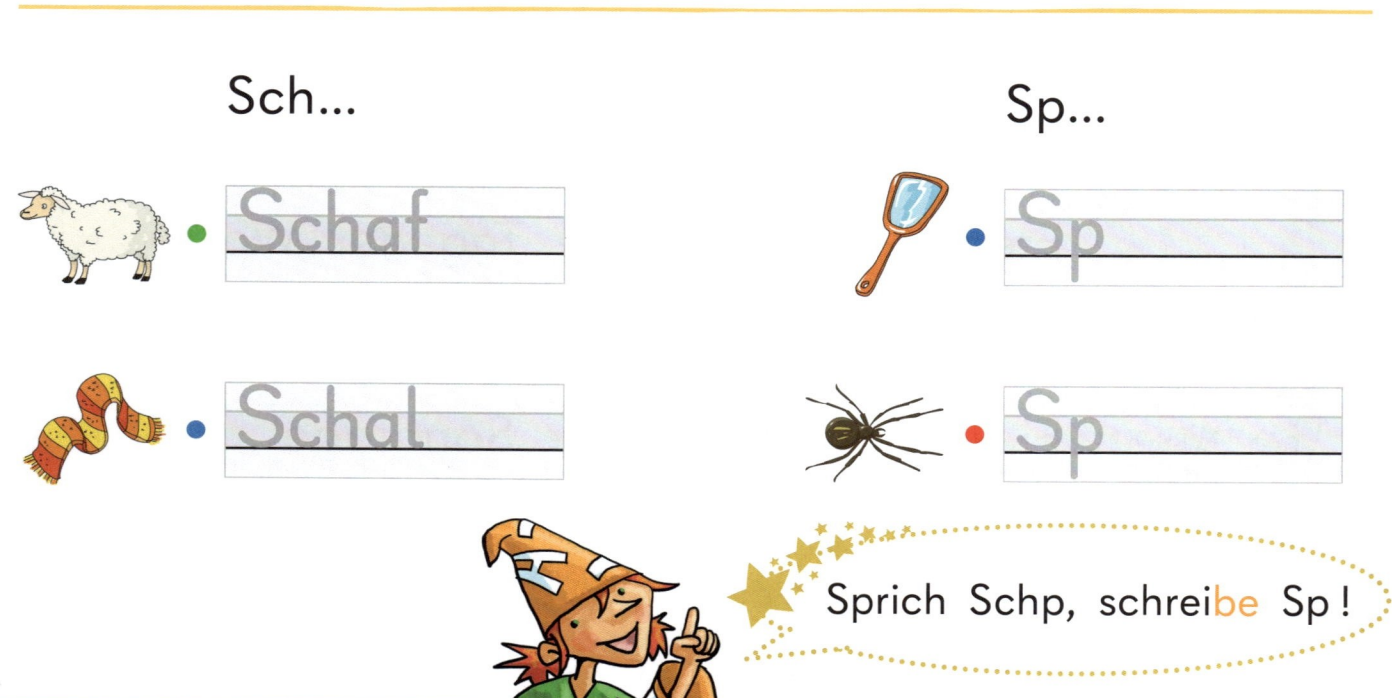

Sprich Schp, schreibe Sp!

Wörter mit Sp/sp
Modellwörter für die Schreibung <sp> bei der Abfolge von sch-p im Anlaut

St st

Stift	Stift	Stift	✓
Stiefel	Stiefel		☐
Stein	Stein		☐
Stern	Stern		☐
Stunde	Stunde		☐
streiten	streiten		☐
stehen	stehen		☐

Sch...

Schaukel

Schaufel

St...

St

St

Sprich Scht, schreibe St!

ö ü

Löwe	Löwe	Löwe	☑
hören	hören		☐
mögen	mögen		☐
schön	schön		☐
Küche	Küche		☐
Blüte	Blüte		☐
fünf	fünf		☐

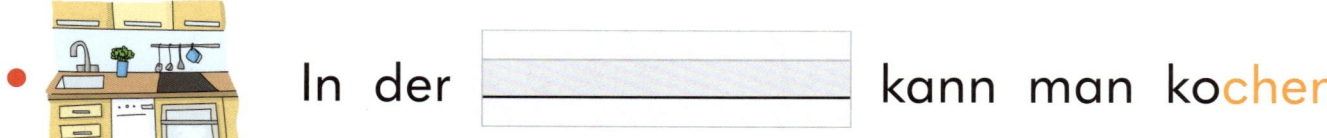

In der _____ kann man kochen.

Die Blume hat eine rote _____.

5 Drei plus zwei ist _____.

Wörter mit Umlauten
Grundwortschatz-Wörter mit den Graphemen <ö> und <ü>

d ✎   ✎

- __Sand__   __Sand__   __Sand__   ☑

- __Mädchen__   __Mädchen__   _____   ☐

  __und__   __und__   _____   ☐

b ✎

- __Obst__   __Obst__   _____   ☐

- __Herbst__   __Herbst__   _____   ☐

  __ob__   __ob__   _____   ☐

 In der Wüste gibt es viel _____ .

 Das _____ hat schwarze Haare.

 Birnen und Bananen sind _____ .

Merkwörter mit Auslautverhärtung bzw. Konsonantenverhärtung
Merkschreibungen, da die Strategie „Verlängern" nicht angewendet werden kann

Ⓜ 35

Ableiten

Ä ä

alle Hände   ⟶   die Hand

alle Äste   ⟶   der Ast

alle Nächte   ⟶   die Nacht

alle Säfte   ⟶   der Saft

alle Dächer   ⟶   das Dach

alle Bälle   ⟶   der Ball

alle Gärten   ⟶   der Garten

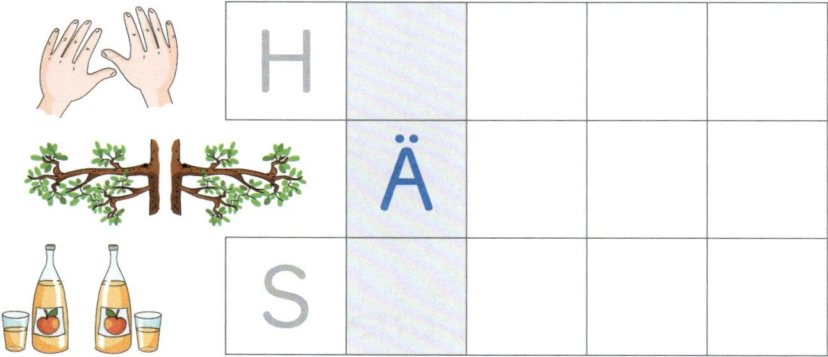

H				
	Ä			
S				

Strategieseite: Ableiten
Wörter mit ä (kein Aussprache-Unterschied zu e) / Strategie: Schreibweise mit ä von einem verwandten Wort mit a ableiten

Bälle   Äste   Dächer   Säfte   Hände

Ich suche dazu
ein Wort mit a.

ein		→	alle Dächer	☑
ein		→	alle	☐
ein		→	alle	☐
ein		→	alle	☐
eine		→	alle	☐

Die Kinder werfen sich Bälle zu. ○

Die Kinder nehmen sich Säfte. ○

Die Kinder geben sich die Hände. ○

Strategieseite: Ableiten
Wörter mit ä (kein Aussprache-Unterschied zu e) / Strategie: Schreibweise mit ä von einem verwandten Wort mit a ableiten

37

V v ✐ ✐

- **Vogel** | **Vogel** | **Vogel** | V
- **Vater** | Vater | | ☐
- **Vorname** | Vorname | | ☐
- **Verein** | Verein | | ☐
- **vier** | vier | | ☐
- **vorne** | vorne | | ☐

V/v wie in

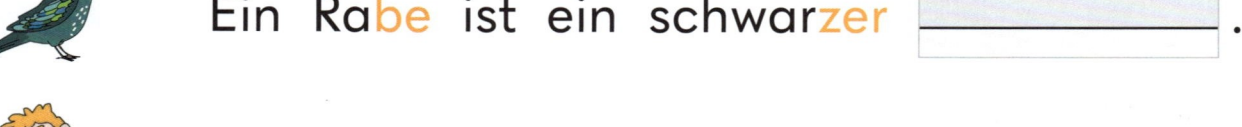
Ein Ra**be** ist ein schwar**zer** _____ .

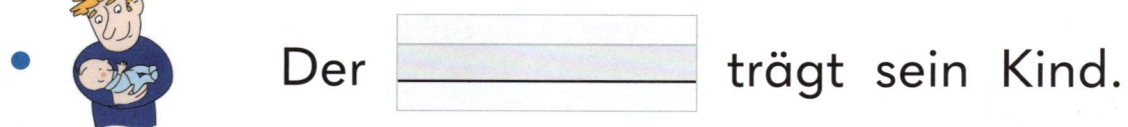
Der _____ trägt sein Kind.

4 Vie**le** Tie**re** ha**ben** _____ Bei**ne**.

Ⓜ **Merkwörter mit V/v**
Merkschreibungen, die nicht erschlossen werden können (Aussprache als F/f)

V v ✎　　　✎　　　✎

• **Vase**	Vase	Vase	☑ V
• **Vampir**	Vampir		☐
• **Vulkan**	Vulkan		☐
• **Kurve**	Kurve		☐
• **Klavier**	Klavier		☐
• **November**	November		☐

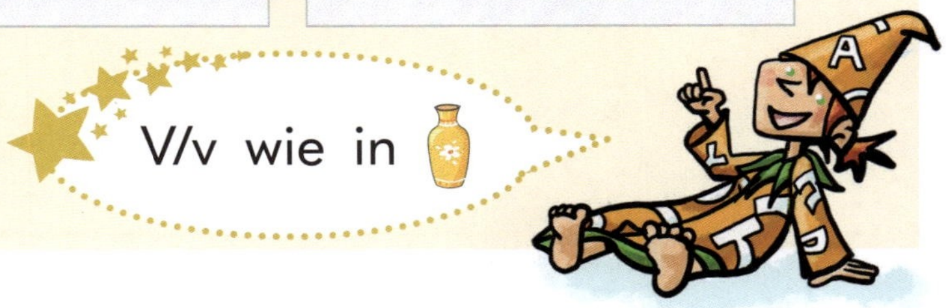

V/v wie in

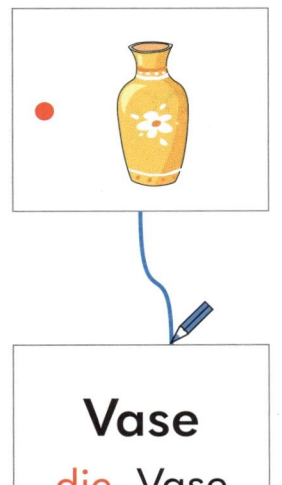

Vase
die Vase

Kurve
die Kurve

Klavier
das Klavier

Vulkan
der Vulkan

vor	vor	vor	☑
von	von		☐
viel	viel		☐
bald	bald		☐
über	über		☐
jetzt	jetzt		☐

Die Spielerin schießt über das Tor. ○

Der Ball liegt vor dem Tor. ○

Vor dem Tor liegen viele Bälle. ○

Funktionswörter
Häufige Wörter mit besonderer Relevanz für das Verstehen und Verfassen von Texten

ng

• Hunger	Hunger	Hunger	☑
• Junge	Junge		☐
• Zunge	Zunge		☐
• Schlange	Schlange		☐
• Ring	Ring		☐
singen	singen		☐
langsam	langsam		☐

Schlangen haben lange Beine. ◯

Schlangen haben lange Zungen. ◯

Schlangen tragen Ringe am Finger. ◯

Ableiten

äu

alle Bäume   ⟶   der Baum

alle Mäuse   ⟶   die Maus

alle Häuser   ⟶   das Haus

alle Träume   ⟶   der Traum

alle Zäune   ⟶   der Zaun

alle Räume   ⟶   der Raum

alle Bäuche   ⟶   der Bauch

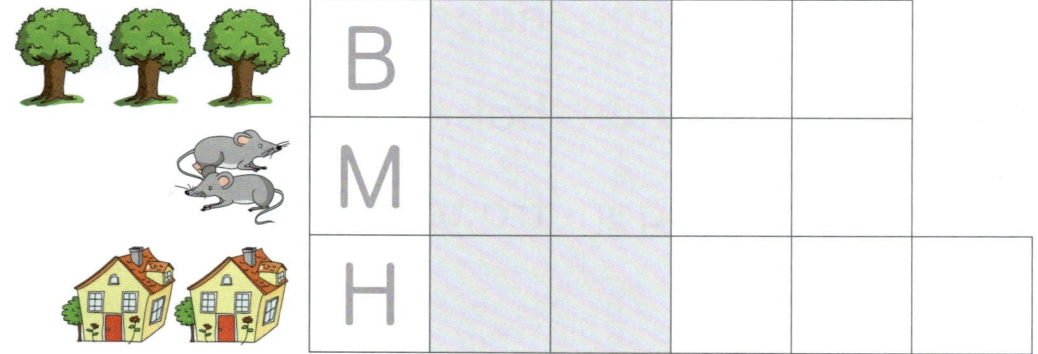

B				
M				
H			

Strategieseite: Ableiten
Wörter mit äu (kein Aussprache-Unterschied zu eu) / Strategie: Schreibweise mit äu von einem verwandten Wort mit au ableiten

Mäuse Bäuche Zäune Bäume Häuser

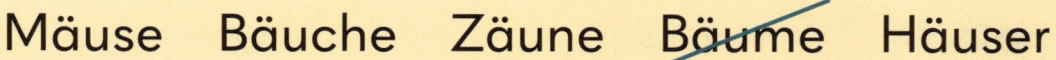

ein → alle Bäume ☑

ein → alle ☐

eine → alle ☐

ein → alle ☐

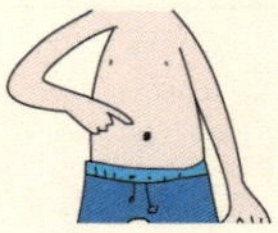

ein → alle ☐

✎

Hinter dem Kissen sind Häuser. ○

Vor dem Bett sind Bäume. ○

Unter dem Bett sind Mäuse. ○

Strategieseite: Ableiten
Wörter mit äu (kein Aussprache-Unterschied zu eu) / Strategie: Schreibweise mit äu von einem verwandten Wort mit au ableiten

43

nk ✏️   ✏️

• Bank	Bank	Bank	☑
• Schrank	Schrank		☐
• Onkel	Onkel		☐
• Geschenk	Geschenk		☐
denken	denken		☐
trinken	trinken		☐
dunkel	dunkel		☐

Ein Kind packt ein Geschenk aus. ◯

Drei Kinder sitzen auf einer Bank. ◯

Ein Onkel steht vor einem Schrank. ◯

I i

Igel	Igel	Igel	v
Tiger	Tiger		
Juni	Juni		
Juli	Juli		
Kino	Kino		
Musik	Musik		
Maschine	Maschine		

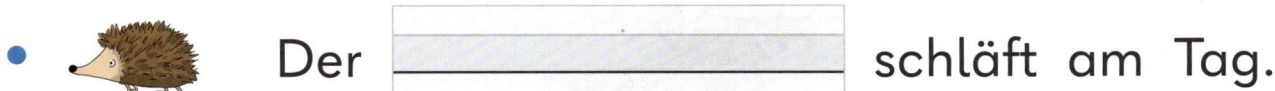

Der _____ schläft am Tag.

Ein _____ frisst nur Fleisch.

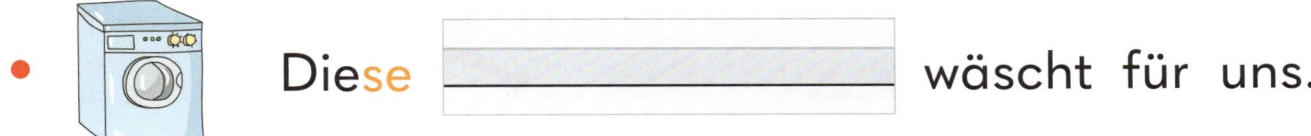

Diese _____ wäscht für uns.

ß ✐　　　　　　✎　　　　　　✏

- Fuß　　　　　　Fuß　　　　　　Fuß　　✓
- Gruß　　　　　Gruß　　　　　　　　　□
  heißen　　　　heißen　　　　　　　　□
  fließen　　　　fließen　　　　　　　　□
  gießen　　　　gießen　　　　　　　　□
  groß　　　　　groß　　　　　　　　　□
  weiß　　　　　weiß　　　　　　　　　□

Ich höre vor ß lange Selbstlaute.

- Gruß　　　　　　　　　　　fließen

Ⓜ **Merkwörter mit ß**
Merkschreibungen mit dem Graphem <ß>, das nach langen Vokalen oder Diphthongen steht

Tasse	Tasse	Tasse	☑
Klasse	Klasse		☐
Wasser	Wasser		☐
Messer	Messer		☐
Sessel	Sessel		☐
essen	essen		☐
müssen	müssen		☐

Die Selbstlaute a und e klingen hier kurz.

· Ta_____

· Wa_____

· Me_____

· Se_____

y ✏️ 📝 ✏️

• Baby	Baby	Baby	✓
• Handy	Handy		☐
• Pony	Pony		☐
• Hobby	Hobby		☐
• Party	Party		☐
• Teddy	Teddy		☐
• Pyramide	Pyramide		☐

• Ein _____ kann noch nicht lau**fen**.

• Ein _____ kann laut klin**geln**.

• Ein _____ ist ein klei**nes** Pferd.

Ⓜ **Merkwörter mit y**
Merkschreibungen, die nicht erschlossen werden können (Aussprache als i/ü)

ä ✏️	✏️	✏️
• **Käfer**	Käfer	Käfer ☑
• **Bär**	Bär	☐
• **Käse**	Käse	☐
• **Säge**	Säge	☐
• **März**	März	☐
ärgern	ärgern	☐
spät	spät	☐

 •    •    •    •

Käse	**Käfer**	**Bär**	**Säge**
der Käse	der Käfer	der Bär	die Säge

ck

Glück	Glück	Glück	V
Decke	Decke		
Schnecke	Schnecke		
Zucker	Zucker		
Rock	Rock		
Socke	Socke		
Jacke	Jacke		

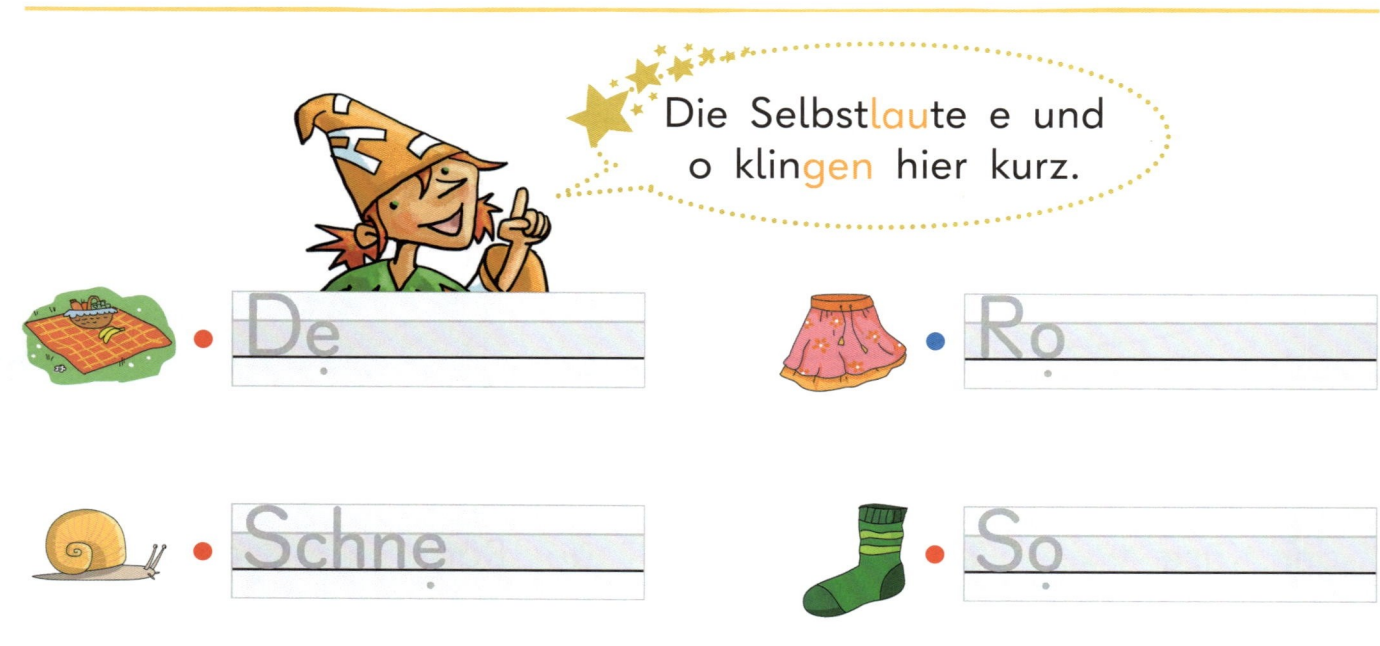

Die Selbstlaute e und o klingen hier kurz.

 De

 Ro

 Schne

 So

Wörter mit ck
Modellwörter für die Konsonantenverdopplung von k nach kurzem Vokal (ck statt kk)

ck			
backen	backen	backen	v
packen	packen		
kicken	kicken		
schicken	schicken		
schmecken	schmecken		
lecker	lecker		
dick	dick		

Kekse muss man ins Tor kicken.

Pakete muss man im Ofen packen.

Kekse muss man im Ofen backen.

C c ✎ ✎ ✎

- Cent Cent Cent ✓
- Comic Comic ☐
- Computer Computer ☐

x ✎

- Hexe Hexe ☐
- Taxi Taxi ☐
- boxen boxen ☐

Taxi
das Taxi

Cent
der Cent

Comic
der Comic

Hexe
die Hexe

Merkwörter mit C/c und x
Merkschreibungen, da c unterschiedlich ausgesprochen wird und x eine Ausnahmeschreibung für den ks-Laut ist (statt chs)

Qu qu

- Quark   Quark   Quark   ✓
- Qualm   Qualm   ☐
- Quelle   Quelle   ☐
- Quatsch   Quatsch   ☐
- Qualle   Qualle   ☐
- Quadrat   Quadrat   ☐
- quaken   quaken   ☐

-  Der _____ ist gesund und lecker.

- 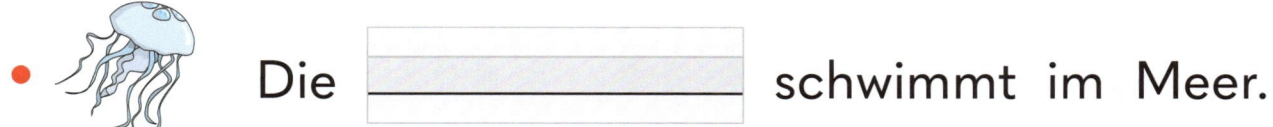 Die _____ schwimmt im Meer.

- 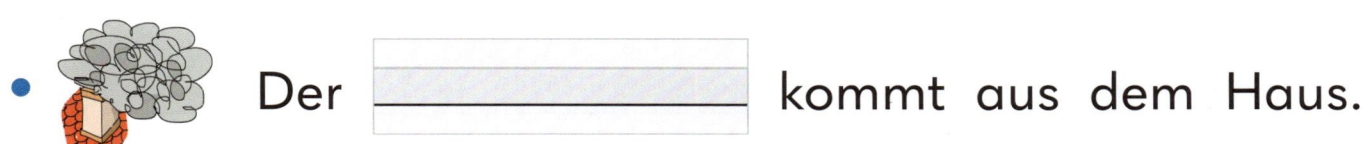 Der _____ kommt aus dem Haus.

Wörter mit Qu/qu
Modellwörter der regulären Schreibweise <qu> für die seltene Lautfolge k-w (die nicht als Buchstabenfolge vorkommt)

53

Strategien

• Blume	Blume	Blume	☑
• Regen	Regen		☐
• Löffel	Löffel		☐
• Füller	Füller		☐

• Schnee	Schnee		☐
• Jahr	Jahr		☐
• Straße	Straße		☐
• März	März		☐

Übersicht: Strategien
Silbenschwingen (siehe S. 4/5), Merkwörter (siehe S. 14/15)

alle Freunde	→	der Freund
alle Lieder	→	das Lied
alle Kleider	→	das Kleid
alle Pferde	→	das Pferd

der Apfel	→	alle Äpfel
das Fach	→	alle Fächer
das Kraut	→	alle Kräuter
der Strauch	→	alle Sträucher

Inhalt